AF320629

Ⓒ

9441

INSTRUCTION PUBLIQUE.

ACADÉMIE DE STRASBOURG.

SUR LA PROTECTION

ACCORDÉE

AUX SCIENCES, AUX BELLES-LETTRES ET AUX ARTS

CHEZ LES GRECS.

THÈSE DE LITTÉRATURE,

PRÉSENTÉE ET SOUTENUE

A LA FACULTÉ DES LETTRES DE STRASBOURG,

Le 1.ᵉʳ Septembre 1817, à onze heures du matin,

POUR OBTENIR LE GRADE DE DOCTEUR ÈS LETTRES,

PAR JACQUES MATTER,

D'ALT-ECKENDORF (DÉPARTEMENT DU BAS-RHIN),

LICENCIÉ ÈS LETTRES.

STRASBOURG,

De l'imprimerie de F. G. LEVRAULT, imprimeur de l'Académie.

1817.

SUR LA PROTECTION

ACCORDÉE

AUX SCIENCES, AUX BELLES-LETTRES

ET AUX ARTS

CHEZ LES GRECS.

Des assertions sur la décadence de la littérature françoise, proférées avec quelque affectation au moment où tout semble annoncer qu'elle va briller d'un nouvel éclat à l'ombre de la paix et d'une protection éclairée, m'ont décidé à chercher dans les destinées des lettres grecques le présage du sort des nôtres, et à examiner jusqu'à quel point la protection accordée aux lettres peut, ou en favoriser les progrès, ou en arrêter la décadence. Je ne prétends toutefois rien prédire ; je ne pense pas que les mêmes causes produisent toujours les mêmes effets, et l'histoire de la littérature d'une nation ne renferme certainement pas l'oracle des destinées de celle d'une autre. L'épuisement des dons du génie, la corruption des mœurs, qui amène tous les genres de corruption, ne peuvent qu'annoncer en tout temps la ruine de la plus brillante gloiré littéraire ; mais, de ce que les Grecs, une fois descendus des hautes

régions du Parnasse où ils s'étoient élevés, ne purent jamais y
remonter depuis, il ne s'ensuit point que la France, troublée, par
trente années de guerres et d'erreurs, dans le culte des Muses, ne
puisse plus, en les honorant sur son heureux sol, se flatter de les
y fixer encore. Cependant, après avoir indiqué les raisons qui ont
déterminé le choix de notre sujet, qu'il nous suffise d'ajouter que
nous sommes entièrement libres de la manie de suggérer des allu-
sions, et que, si cela nous est possible, nous bannirons jusqu'au
souvenir de la France en parlant de l'ancienne Grèce.

Avec la guerre d'Ilium semble naître cette immense gloire littéraire par laquelle la Grèce devoit dominer également tous les temps.
Huit siècles après, un héros grec passe de nouveau en Asie, et ses
triomphes, qui pouvoient fournir à l'histoire et à la poésie de la
Grèce des pages pompeuses, marquent le terme où les Muses
fuient ces heureux climats. La mort d'Alexandre divise l'histoire
de la littérature grecque en *deux grandes périodes*. Durant la *première* tout est grand; le génie brille par lui-même ou par cette heureuse union de circonstances qui réjouissent les peuples, quand ils
sont l'objet de la prédilection du ciel. Pendant la *seconde période*
on prodigue aux lettres des faveurs inconnues auparavant : mais
le destin avoit porté sur elles son fatal arrêt; rien ne put changer
la loi des vicissitudes ; on ne put ni sauver tous les monumens
de la Grèce, ni remplacer les victimes que demandoit le temps.
Mais on sauva d'immortels chefs-d'œuvre, et l'on apprit aux âges
futurs à se consoler du déclin des belles-lettres, passagères comme
la beauté, par des découvertes scientifiques, éternelles comme la
vérité.

3

SECTION PREMIÈRE.

De la protection accordée aux lettres grecques jusqu'à l'époque d'Alexandre le Grand.

CHAPITRE PREMIER.

De la Poésie.

La tradition qui fait voyager l'aveugle chantre d'Achille de ville en ville, de la cour d'un prince à celle d'un autre prince, pour les réjouir par ses beaux vers, est si précieuse à mes yeux, qu'elle explique à elle seule les vrais rapports que le génie doit avoir avec ses protecteurs [1]. Il éprouve le besoin de faire admirer ses créations par tout ce que la terre a de plus illustre; mais, loin de se laisser enchaîner par les faveurs de la fortune, et content de sa propre grandeur, il s'envole, après s'être humilié pour sa gloire, pour déployer de nouveau le caractère de son indépendance. Homère ne fut donc point protégé [2]. Les *Rhapsodes* qui, après lui, parcoururent les contrées grecques, en répétant aux princes émerveillés les vers du chantre d'Ilium ou les leurs, ne furent pas plus protégés que lui. Ils entretenoient toutefois l'amour des beaux vers, et conservèrent à leurs enfans l'héritage du génie. Ces exemples nous montrent qu'il ne faut à la poésie, pour naître, ni richesse, ni protecteurs; qu'elle redoute la dépendance; que, pour l'élever à toute sa gloire, il ne faut au génie que l'enthousiasme, qui l'accompagne toujours,

---

1 Je n'entends par *protection* que la part active que prennent des personnages illustres à l'avancement des lettres, soit en prodiguant leurs trésors, soit en distribuant des honneurs et des éloges à ceux qui les cultivent. Le tribunal qui eut le bonheur de protéger Sophocle, ne protégea point les lettres; il ne fit qu'un acte de justice.

2 La ville de Cumes refusa de le nourrir aux frais du trésor public.

et de grands sujets, qu'il sait quelquefois créer. Ce fut l'enthousiasme de la religion qui, dans la jeunesse des peuples grecs,
inspira ORPHÉE, LINUS et MUSÉE; HOMÈRE et HÉSIODE; ce fut
l'enthousiasme de la patrie qui réveilla le génie de TYRTÉE; ce fut,
enfin, l'enthousiasme de la vertu qui fit briller SIMONIDES, et les
autres *Gnomologues*. Tous ces poëtes eurent le bonheur de trouver
des sujets grands et neufs.

Il ne s'est conservé d'ARCHILOQUE et d'ÉPICHARME que le souvenir de leur gloire. Un outrage suffit pour exciter la verve satyrique
du premier: les succès d'ÉPICHARME ne furent pas moins indé-
pendans, s'il est vrai que, le premier, il introduisit la comédie
en Sicile.

Il n'en étoit pas de même des poëtes dramatiques d'Athènes. Les
besoins d'un peuple curieux et spirituel, la politique de ses magistrats, les récompenses décernées aux poëtes vainqueurs [1], exer-
cèrent une grande influence sur les productions du génie. La
poésie dramatique est dépendante par sa nature; elle a besoin de
l'appareil des richesses, et les spectateurs dont elle a besoin, la
jugent sur-le-champ et presque toujours avec rigueur. En Grèce
les représentations théâtrales formèrent d'ailleurs une partie essen-
tielle des plaisirs publics, et les magistrats en prirent toujours le plus
grand soin. D'un autre côté, les poëtes dramatiques jouirent bientôt
d'autant plus de la protection des gouvernans, qu'ils servoient, ou à
censurer des abus que l'on ne pouvoit autrement atteindre, ou à
perpétuer l'orgueil national, qui ne vit que de triomphes ou de leur
souvenir. Développons tant soit peu ces idées. Dans l'origine, la
comédie avoit été un simple amusement de la gaieté rustique; elle
étoit devenue, depuis, le tribunal où se jugeoient les désordres des
Athéniens du premier rang. Il ne s'est conservé de CRATINUS que

---

1 Ce n'étoit qu'une couronne; mais le charme d'une telle couronne fut tout-
puissant.

des fragmens; mais on sait qu'Aristophane reçut de ses concitoyens une couronne de l'*olivier sacré*, pour avoir exercé cet acte de républicanisme [1]. La tragédie eut presque constamment le but d'entretenir les Athéniens des actions héroïques de leurs pères : les *Perses* d'Eschyle restèrent sans imitation, et Phrynichus fut puni par le sénat pour avoir chanté la destruction de Milet [2]. En protégeant les belles-lettres, les chefs d'Athènes étendoient leurs vues au-delà des étroites limites de l'Attique. On voyoit que, pour conserver cette *hégémonie*, donnée par l'opinion que la Grèce avoit conçue des forces et de la justice des Athéniens, il falloit encore établir l'opinion d'une supériorité de génie, qui est la plus forte des puissances. « Ce fut donc la politique qui donna au monde les chefs-« d'œuvre des Eschyle, des Sophocle et des Euripide? » Je ne le pense pas : on ne commande pas des chefs-d'œuvre. Le moindre Athénien étoit aussi fier que ses archontes de la prééminence de sa patrie : le poëte d'Athènes voyoit la Grèce entière attentive à ses accens : ses magistrats n'avoient qu'à seconder cet élan et non pas à le réveiller. Les protecteurs des lettres n'ont qu'à ne méconnoître, ni le génie, ni le temps : ainsi Racine fit Athalie sur la proposition d'un auguste personnage, qui connoissoit également bien son talent pour la tragédie et son enthousiasme pour la religion.

La poésie lyrique des Grecs montre spécialement quelles merveilles sait créer le génie, lorsqu'une nation entière veille aux succès de ses poëtes. Cinq fois une femme avoit disputé le laurier au célèbre chantre des vainqueurs olympiques ; ce n'est qu'à la noble obstination de Pindare que nous devons ces odes qui, avant Horace, sembloient être les modèles du genre.

---

1 Nous n'avons pas à rappeler ici qu'il fut, à sa honte, l'ennemi de Socrate et que, par son talent, il couvrit ce philosophe d'un détestable ridicule.

2 Hérodote, VI, 21. Ce sujet rappeloit aux Athéniens une action qui dépare leur histoire.

La poésie érotique se montre indépendante plus que toute autre. Elle semble fuir les palais et les cités[1]; elle recherche plutôt la riche simplicité des champs : ses récompenses sont dans les sentimens mêmes qu'elle nourrit. Les chantres de l'amour ne soupirent toutefois des accens également vrais et tendres sous tous les climats. Les vers d'ANACRÉON doivent une grande partie de leurs charmes au beau ciel qui les inspira. L'Ionie, d'où il est sorti tant de personnages qui marquent dans l'histoire des lettres grecques, étoit peut-être plus favorable encore aux airs amoureux que cette Italie même qui donna le jour à PÉTRARQUE, et ces bords de Vaucluse, où il chanta Laure; mais le poëte moderne est d'autant plus sublime qu'il est malheureux, d'autant plus touchant que son ame, toute chrétienne, est encore plus chaste que passionnée. Écartons toutefois ces comparaisons; car nous demanderions en vain aux poëtes grecs cette pureté de sentimens et cette élévation d'ame que le christianisme seul a pu donner à l'homme.

Aucun des chefs-d'œuvre poétiques de la Grèce ne sauroit donc être revendiqué par quelque protecteur des lettres; il en est de même de l'éloquence des Grecs.

CHAPITRE II.

De l'Éloquence.

Les premiers orateurs de la Grèce furent des hommes d'état. SOLON avoit à soutenir sa législation; PÉRICLÈS, à louer des héros, à enflammer le patriotisme des Athéniens; DÉMOSTHÈNE, à sauver la liberté de la Grèce et sa couronne. Ce furent donc, ou des sentimens de dévouement, ou de grandes passions, qui arrachèrent à ces hommes les traits de leur admirable éloquence. La plupart des orateurs grecs eurent des motifs et des succès semblables. Si

---

1 ANACRÉON avoit reçu cinq talens du tyran Polycrate ; il les lui renvoya avec ces mots : μισω δωρεαν ητις αναγκαζει αγρυπνειν.

quelques-uns d'entr'eux parlèrent pour de l'or, Démosthène, par son talent incorruptible, montra que le plus probe est aussi le plus éloquent.

L'histoire des Sophistes dépose aussi pour cette vérité. Gorgias se faisoit couvrir d'applaudissemens et combler de richesses; mais tout fut éphémère dans cette subtile éloquence composée de dialectique et née de l'égoïsme.

Quant à la majestueuse éloquence de Démosthène, qui emporte tout dans sa hardiesse, puisque rien n'est au-dessus de son génie ni de ses vertus civiques, il faut sans doute en attribuer une partie aux institutions politiques de la Grèce, qui ne se répétèrent plus depuis. Mais on se tromperoit en cherchant là seulement la solution du problème. Les historiens et les philosophes de la Grèce sont quelquefois les heureux émules des Périclès et des Démosthène; on le voit par ce morceau du *second livre* de Thucydide, qui donne un discours sous le nom de Périclès, et par cette oraison du *Ménéxène* de Platon, attribuée à Aspasie, et qui n'est que du fils d'Ariston.[1]

Si l'éloquence eut des protecteurs en Grèce, ce fut le peuple tout entier. Quand Périclès eut prononcé l'éloge des guerriers morts à Samos, les femmes coururent le couvrir de leurs embrassemens et de leurs couronnes. Le même peuple trouva si beau le discours que Socrate prétend avoir entendu d'Aspasie, qu'on le fit prononcer publiquement tous les ans jusqu'aux temps de Cicéron.[2]

CHAPITRE III.

De l'Histoire.

Lorsque nous demandons comment ces historiens de la Grèce se sont élevés à cette supériorité qui, depuis plus de vingt siècles,

---

1 Cf. Mém. de l'Acad. des Inscript. vol. XXXI, p. 74 et suiv.
2 V. *Orat. c.* 44.

fait le désespoir de leurs successeurs, nous voyons encore un de ces grands hommes de l'Asie mineure venir, après avoir étudié et mesuré le monde connu de son temps, offrir aux Grecs assemblés le fruit de ses recherches; nous voyons ce peuple sensible et ingénieux attacher aux livres d'Hérodote les noms des Muses; nous y voyons, enfin, le jeune Thucydide verser des larmes d'émotion sur ces beaux tableaux et former le vœu de les imiter. Vingt années d'exil en Thrace ne pourront rien affoiblir de cet amour de la Grèce, qui est le premier élément de son ame; il en défendra les intérêts avec toute l'ardeur qu'auroit un général comblé de récompenses. Le continuateur de son ouvrage et de ses succès ne sera pas moins obstiné que lui dans l'amour d'une patrie ingrate; Xénophon ira poser à Scillonte des monumens à la valeur de ses compatriotes. De tels hommes ne purent avoir de protecteurs que la postérité. Xénophon eut pour récompense le surnom de *Muse attique*, comme Platon reçut celui d'*Abeille*.

La gloire publique et contemporaine exerça sans doute une puissante influence sur les compositions des poëtes, des orateurs et des historiens; mais, ces penseurs qui ont légué à notre spéculation de si beaux et de si vastes matériaux, quel mobile de leurs efforts ont-ils pu trouver chez des contemporains qui, le plus souvent, ignoroient ou persécutoient leurs travaux?

CHAPITRE IV.

De la Philosophie.

Ce qui caractérise d'une manière bien remarquable la philosophie grecque, c'est son étroite liaison avec la théologie et la politique jusqu'à l'époque d'Aristote. Quand on considère cette dépendance des philosophes grecs, on ne sauroit n'être pas surpris de l'heureuse liberté qui n'en règne pas moins dans leurs méditations. Nous serions peut-être plus étonnés encore de la délicatesse de leurs précautions, si nous pouvions toujours percer le voile que

le temps a jeté sur la vraie doctrine de quelques-uns d'entr'eux.
On sait qu'ils suivoient presque tous le double enseignement,
l'un *exotérique* ou public, l'autre *ésotérique* ou destiné au petit
nombre de leurs élus.

Dans l'origine la philosophie ne fut qu'une *théologie* jointe à
une *cosmogonie ;* de tels philosophes furent les *poëtes* ORPHÉE,
HOMÈRE, HÉSIODE.

Après s'être occupés de recherches sur l'ordre de l'univers, les sages
de la Grèce songèrent à constituer un ordre politique dans leur
patrie. Les lois que donnèrent ainsi LYCURGUE, ZALEUCUS, CHA-
RONDAS, DRACON et SOLON, se rattachèrent à un ordre de choses
déjà établi; elles n'y portèrent que les améliorations de l'expérience.
Leurs auteurs étoient de vrais *législateurs philosophes ;* mais,
depuis que l'on eut mieux étudié la nature de l'homme, ses rapports avec l'univers et ses destinées dans le monde intellectuel,
on conçut l'idée d'une tout autre politique, et il y eut des *philosophes législateurs.* Tels furent PYTHAGORE et PLATON. Cependant
on regarda comme des rêves la *république* et les *lois* de celui-ci [1],
et on persécuta l'association secrète qu'avoit formée l'autre. ARIS-
TOTE fut en cela plus sage que son maître. En effet, quand un
ordre politique se trouve établi par la force des choses, il ne faut
plus espérer d'en créer un autre comme par enchantement. PY-
THAGORE et PLATON vivoient, l'un et l'autre, trop tard pour leurs
projets ; leurs conceptions étoient trop belles pour être réalisées
encore. SOCRATE, si grand par la rigoureuse justesse de ses vues
et la pureté de ses principes, fut vivement frappé de l'état d'igno-
rance et de corruption où il voyoit ses compatriotes : il savoit
toutefois qu'il ne faut jamais entreprendre de réformer tout
un peuple, mais les individus, et que le bonheur politique
repose presque toujours sur les qualités des administrateurs. La

---

[1] Il étoit réservé à un autre âge de tenter leur application. La Platonopolis
de la Campanie. V. PORPHYR. *in vita Plotini.*

réforme de ceux-ci fut la tâche qu'il s'imposa, et qu'auroient dû continuer ses nombreux disciples. Cependant, au lieu de suivre et d'enseigner sa morale, si belle par sa vérité et sa simplicité, ils s'abandonnèrent, les uns, à des spéculations impraticables, les autres, à des systèmes égoïstes. Il y en avoit déjà trop de ceux-ci ; mais ces nombreux *sophistes*, qui, pour amasser des trésors, enseignoient, sous les noms de politique et de morale, les maximes les plus pernicieuses, ne méritent pas de figurer au nombre des philosophes. S'ils furent comblés de biens, c'est la seule espèce de protection que l'on voit accorder en Grèce à la philosophie, et les vrais philosophes en gémirent.

Ni les systèmes de théologie, ni ceux de politique, ni ceux de morale, qu'enseigna la Grèce, ne durent donc leur origine à la protection : c'étoient autant de doctrines créées pour les besoins les plus impérieux de l'homme, par des hommes de génie aussi passionnés pour le bien de la patrie que pour la vérité.

Loin d'être protégées, les spéculations nouvelles furent persécutées en Grèce. On brisa l'édifice de PYTHAGORE. ANAXAGORAS, surnommé *l'intelligence*, *parce qu'il enseignoit qu'une intelligence souveraine avoit présidé à la création de l'univers*, fut depuis banni comme impie, et l'instituteur de PÉRICLÈS mourut de misère. SOCRATE but la ciguë : son disciple pensoit que, si l'on avoit acquis une exacte connoissance de Dieu, ce seroit une chose délicate de la communiquer. ARISTOTE fut obligé de s'exiler pour des soupçons sur sa croyance.

Tout ce que la bonne philosophie peut donc demander aux grands, c'est qu'ils la connoissent : elle sera en danger, non pas toutes les fois que les philosophes ne seront pas rois ; mais toutes les fois que les rois ne seront pas philosophes, comme le vouloit PLATON [1]. La philosophie est elle-même si supérieure aux autres

---

[1] On est heureux dans nos temps, comme on le fut sous le règne de Marc-Aurèle, de ne pouvoir rappeler le vœu de PLATON sans que tout le monde sente aussitôt qu'il est réalisé.

biens de l'homme, qu'elle demandera toujours, si elle est bonne, moins des protecteurs zélés que des disciples dociles.

CHAPITRE V.

Des Beaux - arts.

Il n'en est point des beaux - arts comme des sciences spéculatives ou des belles-lettres : ils ne sont point, comme elles, le fruit d'un besoin impérieux ; ce sont les enfans du luxe, les compagnons des besoins factices de la civilisation.

Dans la jeunesse des peuples, l'univers est lui-même à leurs yeux le plus beau temple de la divinité ; mais quand la gloire de la nation s'accroît, elle perd le goût de la grandeur de la nature et veut la grandeur de l'art. Les temples furent les premiers beaux édifices. Ceux d'Apollon, à Delphes et à Délos ; de Diane, à Éphèse ; de Junon, à Samos ; de Minerve, à Athènes ; de Jupiter, à Olympie ; enfin, les temples de la Sicile et de la Grande-Grèce, n'eurent pas de monumens contemporains supérieurs à leur magnificence. Ils furent exécutés au nom des républiques et ornés de statues dont le travail fut richement récompensé. Il en étoit de même de la construction des théâtres, des portiques et des gymnases. Les arts de l'*architecture* et de la *sculpture* dépendoient donc des gouvernemens et des villes, et les chefs-d'œuvre de ce genre sembloient commandés par les récompenses. Les ouvrages de *peinture* sembloient partager le même sort : POLYGNOTE et MICON, comme PHIDIAS, s'illustrèrent par leurs travaux publics, et le portrait ne fut peint en Grèce qu'à l'époque où l'on demanda aux artistes ceux des rois de Macédoine.

Cependant, que l'on ne se trompe point sur le génie des grands hommes de la Grèce. L'amour de la patrie, qui les dominoit plus que tout autre sentiment, les préserva toujours de l'avilissement. POLYGNOTE peignit le *Pœcilé* sans recevoir de salaire ; et quand

Zeuxis se fut acquis une modeste fortune, il ne se fit plus payer ses tableaux[1]. C'est donc toujours la gloire qui est en Grèce la plus puissante des protectrices, et si nous résumons maintenant les élémens de la grandeur littéraire des Grecs, nous trouverons toujours la gloire occupant le premier rang.

Conclusions de la première partie.

On n'explique point le génie lui-même, il ne s'agit que de remarquer les circonstances qui le favorisent.

La grandeur des événemens (Homère); *la jeunesse croyante des peuples* (Orphée); *le besoin d'entendre le monde visible et de deviner le monde intellectuel* (Thalès, Pythagore); *l'amour de la patrie et de la liberté* (Tyrtée, Démosthène); *l'amour de la gloire* (Polygnote, Pindare); *l'amour lui-même* (Anacréon, Sappho); *la colère et le plaisir de médire* (Archiloque); *des institutions conformes aux besoins du peuple* (harangues publiques, jeux olympiques, combats d'Apollon, spectacles); *une politique qui sait s'emparer de l'esprit du peuple et du génie des poëtes* (spectacles et travaux publics sous Périclès); enfin, *l'influence d'un beau ciel, de la prospérité publique, d'un luxe nourri par les trésors de deux mondes, accumulés dans les ports d'Athènes :* voilà les causes qui ont favorisé le génie en Grèce. Réunion brillante et unique de circonstances et de mobiles ! Otez-en les uns ou les autres, et tout s'anéantit. Aussitôt qu'Alexandre répand sur l'Europe et l'Asie les maux que son père avoit si long-temps médités, la Grèce semble frappée d'un fatal arrêt; lorsqu'enfin les successeurs du héros macédonien se livrent ces guerres sanglantes qui renversent toutes les prospérités et qui les renversent eux-mêmes de leurs trônes usurpés, alors les Muses

---

1 Pline, XXXV, 36.

grecques semblent n'avoir plus d'asyle, et leur fuite est irrévocablement décidée.

SECTION II.

De la protection accordée aux lettres grecques après Alexandre le Grand.

Les successeurs d'Alexandre, après s'être partagé ses états, ses conquêtes et les nombreuses villes qu'il avoit bâties, songèrent aussi à s'approprier cette gloire littéraire de la Grèce qui la rendoit encore si puissante. De là prit origine ce système de protection des *Lagides*, des *Séleucides*, des *Attales* et des *Rois de Macédoine*, qui se flattoient, non-seulement de fixer les Muses grecques sur des terres étrangères, mais encore d'obtenir ainsi cette supériorité de génie qui autrefois avoit placé si haut la ville d'Athènes. Tout ne fut pas nouveau dans ce système. PISISTRATE avoit établi des bibliothèques et donné des soins particuliers aux œuvres d'HOMÈRE; *Alexandre*, qui réunit en lui seul la grandeur et les fautes d'une race entière de princes, avoit protégé les études d'ARISTOTE avec un zèle passionné. Mais cet ensemble d'efforts et de sacrifices que l'on voit faire pour les lettres à *Alexandrie*, à *Antioche*, à *Pergame*, en *Macédoine* et en *Sicile;* ces immenses collections de livres; ces palais partagés par les princes avec les savans; ces musées qui réunissent maintenant tout ce que l'Europe et l'Asie peuvent ajouter aux curiosités africaines; ces longs voyages faits par les savans et pour eux : jamais une semblable union de moyens et de faveurs n'avoit encouragé les amans des lettres. Nous allons voir rapidement avec quel succès ils les cultivèrent.

CHAPITRE PREMIER.

De la Poésie.

Ce ne furent, après Alexandre, ni les grands événemens, ni les grands sujets qui manquèrent aux poëtes. Il n'étoit plus prudent de tenter un poëme épique pour une nation qui possédoit l'Iliade : il ne s'agissoit plus de rappeler Homère ; mais un nouveau Pindare pouvoit encore chanter Alexandre et ses vaillans capitaines, surtout Ptolémée Soter, avec ses fils Philadelphe et Évergète. Callimaque et ses rivaux composèrent plusieurs chants triomphaux pour ces derniers princes ; mais ils ne paroissent pas avoir eu assez de mérite pour braver les révolutions des siècles.

L'Égypte elle-même étoit une terre antique de merveilles. La sagesse des Pythagore et des Platon pouvoit être pour les Grecs la mesure de celle des Égyptiens. On voyoit d'ailleurs encore les débris des temples de *Thèbes* et de *Saïs*, où s'étoient célébrés de si profonds mystères : comment cette puissante voix des ruines n'a-t-elle rien inspiré aux poëtes des bords du Nil comblés de tant de faveurs ?

D'un autre côté, les Ptolémées avoient fait élever à grands frais de superbes théâtres. Le peuple d'Alexandrie étoit léger, spirituel et moqueur ; et cependant il ne nous est pas resté une seule bonne comédie des Alexandrins. Lycophron en avoit composé plusieurs. J'ignore s'il y mit la même imprudence que dans ses tragédies, où il choisit souvent des sujets déjà traités par les grands maîtres. Ces *combats d'Apollon*, qui produisirent des chefs-d'œuvre dramatiques en Grèce, furent tout-à-fait vains en Égypte ; on y lut dès l'origine des pièces de vers composées de plagiats et de réminiscences. [1]

La poésie didactique fut le genre favori des poëtes du second période. On traita en vers de la médecine, des poisons, de la guerre, de la chasse, de la pêche, etc. Le plus célèbre de ces poëmes est celui d'Aratus, intitulé *Phénomènes*. Le roi Antigone

---

1 On alloit couronner dans un concours une pièce qui avoit plu, lorsqu'Aristophane, qui avoit lu tous les livres de la bibliothèque (!) démontra que l'heureux auteur n'étoit qu'un plagiaire. Vitruv. *in præf. lib. VII.*

de Macédoine lui avoit proposé, dans un jeu de mots, de mettre
en vers l'astronomie d'Eudoxe. [1]

Le goût des princes de ces temps avoit dégénéré au point que
Lycophron fut le poëte chéri de Ptolémée Philadelphe pour ses
jeux de mots et ses anagrammes [2]. On ne demande point de *poésie
érotique* à des Grecs transplantés sur le sol brûlant de l'Afrique,
attachés aux palais des princes, aux musées et aux bibliothèques;
cependant la *chevelure enlevée* de Callimaque, qui peut compter
dans ce genre, a dû être d'un grand mérite, à en juger par l'imitation de Catulle. [3]

La *satire* étoit spécialement du goût des Alexandrins; mais ce
n'étoit pour eux qu'une médisance personnelle. Callimaque, dans
son *Ibis*, déchira son disciple [4]; Lycophron, dans le *Ménédème*,
maltraita un philosophe que les Lagides avoient accueilli avec
distinction. [5]

On ne peut s'empêcher d'accuser les poëtes des Lagides d'avoir
déçu les vœux de ces princes magnanimes; mais il ne faut point
croire qu'ils aient renoncé sitôt au bon goût, et qu'ils ne nous aient
rien laissé de beau. Ils estimèrent toujours Homère au-dessus de
tout; ils bannirent son audacieux calomniateur [6]; ils l'imitèrent
quelquefois avec succès. En effet, Callimaque nous a laissé de
belles hymnes ; nous devons à Apollonius un *poëme épique* du
second ordre [7]; Lycophron, en choisissant dans l'Iliade le sujet
de sa *Cassandre*, auroit bien fait d'imiter encore la manière d'Ho-

---

1 Ou de rendre Ευδοξον ἐνδοξοτερον. v. Petav. *in vita* Arati.

2 Il trouvoit que Πτολεμαιος vouloit dire ἀπο μελιτος, *prince de miel.* Αρσινον
étoit ἰον Αρης, *violette de Junon.* C'étoit l'épouse de Philadelphe.

3 V. Catulli *Carmina, LXVI.*

4 V. l'imitation dans l'*Ibis* d'Ovide.

5 Joseph. *Antiquit. lib. XII, c. 2, 12.*

6 Zoïle.

7 Les Argonautiques.

mère ; mais, tel qu'il est, son poëme ne laisse pas que d'avoir des charmes. Enfin, les *Épigrammes* des Alexandrins font encore les délices des savans et des beaux esprits.

Cependant tous ces ouvrages, fruits des veilles savantes de poëtes protégés, ne valoient pas les comédies de Ménandre, et ne valent pas les Idylles de Théocrite, de Bion et de Moschus.[1] Ces poésies, en fournissant d'ailleurs la preuve que le génie grec n'étoit pas encore épuisé, nous font sentir davantage les torts des poëtes d'Alexandrie et de la Macédoine.

CHAPITRE II.

De l'Éloquence et de l'Histoire.

On voit facilement, pourquoi, après Alexandre, il n'y eut plus d'orateur, ni en Grèce, ni en Égypte, ni ailleurs. Les institutions politiques étoient changées : on enseignoit encore l'éloquence, on prononçoit des discours ; mais c'étoit sur des sujets feints : on parloit sans feu, puisque l'on parloit sans patriotisme et sans avoir rien à dire. Ce sont ces causes qui firent dire à Cicéron, que Démétrius de Phalère étoit le dernier des orateurs grecs.[2]

Cependant l'histoire et la philosophie offroient encore des sujets d'éloquence à d'heureux imitateurs de Thucydide et de Platon. Mais, en histoire, le mauvais goût domina dès la mort d'Alexandre. On ne retraçoit les actions de ce prince qu'avec des couleurs exagérées ; on ne vouloit dire que des merveilles : c'étoit le moyen de n'obtenir qu'un succès éphémère.

Ptolémée Soter, qui seul avoit écrit une bonne histoire d'Alexandre, protégea beaucoup les études historiques ; mais, ni son exemple, ni ses faveurs, ne purent décider les savans qui l'en-

---

1 Théocrite et Moschus furent à Alexandrie, mais sans s'y fixer.

2 *Ultimus ex Atticis qui dici possit Orator.* V. Brutus, c. 9 ; cf. *de oratore lib. II,* 23. Quinctil. *Instit.* X, 1.

touroient, à partager ses goûts. Ses successeurs, qui, pendant trois siécles, réunissent à leur cour et comblent de bienfaits les savans de toutes les parties du monde, ne trouvent pas un historien pour leurs glorieuses entreprises. Pour perpétuer quelque souvenir de leur gloire, ils redigèrent eux-mêmes des commentaires. [1]

Tandis que les savans favorisés par les Ptolémées, amassent lentement de vastes matériaux pour quelque *histoire miraculeuse* [2], Polybe, grand de son patriotisme et de son expérience, montra de nouveau que le génie n'étoit pas éteint encore en Grèce. Il avoit vu la cour des Lagides : peut-être avoit-il quelque plaisir à censurer, par la publication de son ouvrage, la stérile indolence des savans Africains. César, à qui l'on doit reprocher l'incendie des bibliothèques d'Alexandrie, pourroit répondre à ses accusateurs, que ses commentaires, qu'il sauva à la nage, valent peut-être toutes les compilations des historiens d'Alexandrie, qu'il vit périr dans les flammes.

CHAPITRE III.

De la Philosophie.

Si l'on ne peut que censurer les historiens protégés de ce période, il n'est pas ainsi des philosophes. Il n'étoit plus temps de se livrer aux conceptions cosmogoniques avec les Ioniens ; il n'étoit pas temps encore d'y substituer des théories scientifiques. On avoit fait trop de progrès pour celles-là, et trop peu pour celles-ci.

Les philosophes ne purent plus être non plus ni théologiens,

---

1 V. sur les commentaires de Ptolémée Évergète II, surnommé Physcon, Athénée, *Deipnos. lib. II*, p. 71 ; Cf. *lib. XIV*, *pag.* 654, *ed.* Casaub.

2 Ils se plaisoient beaucoup à publier des recueils de θαυμάσια. V. Vossius, *de Hist. grecs.* (Tout le période après Alexandre.)

3

ni législateurs. En Égypte, les Ptolémées, loin de voir avec plaisir le polythéisme s'épurer en théisme, désirèrent, au contraire, rapprocher la mythologie grecque de celle de l'Égypte, et les foudre en un culte commun. Les amis des Lagides devoient être moins des législateurs que les conseillers du prince. Ils ne purent être long-temps de sévères moralistes ; mais ils le furent assez pour bannir de la cour des hommes tels que l'épicuréen Colotès, Théodore l'athée, l'infâme Sotades, et cet Hégésias, *l'orateur de la mort* [1]. Ces indignes sophistes étoient accourus en Égypte, avec les hommes du plus grand mérite, lorsque les palais des Lagides furent ouverts aux savans. C'étoit aux sages amis des rois à les en faire rejeter. S'il eût été donné à des hommes de préserver de la corruption des princes que d'immenses richesses y précipitèrent si rapidement, il est à croire que les philosophes du *Musée* les en eussent sauvés.

Lorsque la cour se fut plongée dans les vices, et que les rois et les reines se surpassoient les uns les autres par leurs crimes, il ne restoit plus aux philosophes qu'à fuir l'Égypte, ou qu'à se renfermer dans les musées. Ne trouvant plus au dehors de disciples dociles, n'ayant plus en eux-mêmes la grandeur des siècles de Pythagore et de Platon, que devoient-ils entreprendre dans leur triste loisir, si ce n'est de chercher dans les ouvrages de ces hommes des doctrines faites pour de meilleures générations ?

On accuse souvent les philosophes d'Alexandrie de n'avoir jamais pensé, d'avoir crédulement confondu dans leurs musées et dans leurs écrits les superstitions asiatiques et africaines ; mais ces accusations sont injustes, puisqu'elles sont fausses. Je pense prouver bientôt [2] que les Alexandrins furent plus sages que leurs frères de la Grèce ; qu'ils ne furent point, comme eux, scep-

---

1 Πεισιθανατος.

2 Dans un Mémoire sur l'École d'Alexandrie.

tiqués dans l'académie, stoïciens au lycée, pythagoriciens au portique.

Ils connurent d'abord toutes les anciennes doctrines. Bientôt le péripatéticisme, le système le plus conforme à leurs goûts et à leurs études, régna presque seul en Égypte. Plus tard le scepticisme y eut quelques partisans. C'est là que SEXTE *l'empirique* le fit valoir dans toute sa puissance, lorsqu'il vit la Grèce et l'Italie, et peut-être les musées d'Alexandrie, sur le point d'embrasser aveuglément toutes les erreurs de tous les peuples. Il ne fut point écouté. Les peuples, après de longues fatigues morales et politiques, ont besoin de repos et d'une croyance constante. Alors ce fut encore un philosophe d'Alexandrie qui essaya d'opposer une digue au torrent de la crédulité. POTAMON présenta l'éclecticisme, objet de dédain de nos jours, alors monument de sagesse et de prudence. Il ne fut point écouté. C'est que la philosophie grecque étoit arrivée au dernier terme de sa décadence. Lorsque le christianisme eut enfin, par une morale toute pure et une croyance toute divine, porté une atteinte mortelle aux doctrines qu'il devoit compléter et anéantir, ce furent encore les *philosophes d'Alexandrie qui, les premiers, s'en approprièrent les principes.* Ces hommes, qui formèrent les CLÉMENT d'Alexandrie et les ORIGÈNE, n'eussent vu qu'avec désespoir le disciple d'AMMONIUS prêcher en Italie la magie asiatique et la théurgie égyptienne jointes à leurs idées. Il étoit temps, alors, que l'évêque THÉOPHILE fît triompher le Christ en Égypte. Sa sévérité anéantit le temple de SÉRAPIS, chef-d'œuvre du plus bel art : mais son zèle fut un devoir.

CHAPITRE IV.

Des Beaux-arts.

La Grèce, heureuse jusque dans les moyens de sauver sa gloire, a transmis aux âges futurs une grande partie de ses chefs-d'œuvre.

Tout s'est anéanti dans la capitale des Lagides: des monnoies, deux bustes suspects, voilà tout ce qui nous reste de leurs nombreux monumens. Toute Alexandrie n'étoit elle-même qu'un superbe monument. Les Prolémées y avoient ajouté des palais à des palais, des temples à des temples, des musées aux musées, des théâtres aux théâtres. L'incendie du *Bruchion*, les ravages de Sévère et depuis ceux des Arabes, événemens dont les causes furent si différentes, y ont tout consumé. On sait que les Lagides appeloient à leur cour les artistes les plus distingués; mais on ne sait plus que par quelques passages des anciens que ces artistes y exposèrent de nombreux chefs-d'œuvre. Il faut voir dans Athénée quelle pompe on put étaler à la fête qui célébroit l'association de Philadelphe à la royauté[1]. Il est à croire que le goût égyptien domina quelquefois dans ces ouvrages, ou qu'il modifia du moins l'idéal grec. Les monnoies qui nous restent sont d'un beau travail, et Ruffin parle du Sérapéum comme d'une merveille de beauté.

Les Séleucides ont pu transmettre à la postérité un plus grand nombre de monumens que leurs rivaux d'Égypte. Tous ces ouvrages, fruits d'une protection digne de toutes les louanges, ne sont plus les créations du génie. A la fin du second période des lettres et des arts, la Grèce se trouva donc à une distance infinie de l'époque de sa grandeur. Nous ne ferons plus qu'indiquer les causes d'une décadence que ne purent arrêter les efforts des princes les plus généreux.

Conclusions de la seconde partie.

La première cause de la décadence de toute gloire est cette loi de dégénération qui, dans tout l'univers, s'étend sur toutes les choses. Toujours, dans l'histoire, des époques de grandeur

---

[1] *Deipnosoph. lib. V.* Cf. Mém. de l'Acad. des Inscript. vol. XXXI, p. 99.

et des siècles d'abaissement ! Heureux encore les peuples qui s'anéantissent ! S'ils se survivent à eux-mêmes, ce n'est que pour attester leur chute et leur irréparable dégradation.

D'après la même loi, le premier présage de la ruine des états est une grande gloire dans tous les genres : or, la Grèce, par Alexandre et ARISTOTE, étoit parvenue à ce terme : dès-lors tout se désorganisa, tout s'évanouit.

Une autre cause qui fit dégénérer les lettres et les arts, c'est que le génie fut enchaîné, c'est que les muses dûrent être captives. On plaça les savans et les artistes dans une funeste abondance ; ils furent également accablés d'un trop heureux loisir et d'un trop grand nombre de modèles pour leurs ouvrages.

En troisième lieu, les plus belles institutions étoient ou anéanties ou altérées. Plus de tribune pour les PÉRICLÈS et les DÉMOSTHÈNE ; plus de jeux olympiques pour les HÉRODOTE, les CORINNE et les PINDARE : aux combats d'Apollon que l'on célébra sur les rives du Nil, ce n'étoit plus la Grèce entière qui applaudissoit aux vainqueurs.

Il n'y avoit plus de patrie pour les lettres, plus de patriotisme dans les cœurs de ceux qui les cultivoient. Ceux qui abandonnèrent la Grèce, ne purent jamais se passionner pour des contrées barbares. Alexandrie étoit à la fois une ville étrangère pour les Égyptiens, et une ville africaine pour les Grecs.

Enfin, le climat de l'Égypte, de la Syrie ou de la Macédoine altéra le génie des Grecs qui s'y réfugièrent. Ici les mœurs de l'Afrique et de l'Asie ne secondoient que trop bien les effets d'un sol brûlant ; là les frimas du nord, joints à la barbarie des habitans, glaçoient à l'envie la verve de l'amant des Muses.

Quand la plupart de ces causes se rencontrent, leurs effets sont aussi prompts que funestes : entre la poésie grecque, avant et après Alexandre, il y a toute la différence d'une fleur qui s'élève du milieu d'une végétation pleine et luxuriante, à une autre fleur à qui l'art auroit prodigué tous ses soins sur un roc couvert d'une terre presque toujours brûlante.

A ne considérer que les belles-lettres, la Grèce nous diroit donc qu'en vain on essayeroit de retenir les Muses quand elles songent à fuir. S'il en étoit ainsi, les travaux scientifiques du période que nous venons de parcourir, nous offriroient encore de puissantes consolations. Ce ne fut pas en vain que les Lagides prodiguèrent leurs trésors pour la science. C'est au loisir de leurs savans que nous devons la conservation et l'intégrité de presque toute la littérature grecque. La *critique*, l'*interprétation* et la *commentation* nacquirent en Égypte. La *grammaire*, la *prosodie* et la *métrique* y furent cultivées dans tous leurs détails. D'immenses matériaux pour la *géographie*, l'*histoire* et l'*histoire naturelle*, furent amassés à Pergame et à Alexandrie. L'*anatomie* et l'*astronomie* prirent naissance, pour ainsi dire, dans la ville des Lagides; elles y parvinrent du moins à ce degré de perfection où elles se trouvèrent au seizième siècle de notre ère. Des siècles qui ont produit toutes ces choses ne furent pas des siècles stériles. Des princes qui ont protégé les Ératosthène, les Hipparque, les Strabon et les Ptolémée; les Érasistrate; les Hérophile et les Galien; les Zénodote, les Cratès et les Aristarque; enfin les Potamon, les Sexte et les Ammonius : de tels princes méritent de vivre éternellement dans la mémoire des hommes.

Puissantes consolations pour les princes qui chérissent les lettres! importantes leçons pour les contempteurs des honneurs et des récompenses décernées à leurs rivaux!

F I N.